W0064400

Französisch!
für Insider

Unzensierte Ausgabe:
Französisch, wie es wirklich gesprochen wird

Langenscheidt

Berlin · Madrid · München · Warschau · Wien · Zürich

Französisch für Insider

Originaltext: Eve-Alice Roustang-Stoller
Lektorat und Übersetzung: Marion Netzlaff, Anne-Claire Paumard
Illustrationen: Kyle Webster
Cover: semper smile
Projektleitung: Eva Betz

© 2011 by Langenscheidt KG, Berlin und München
Originalausgabe © 2004 APA Publications GmbH & Co. Verlag KG,
Singapore Branch, Singapore

Satz: Franzis print & media, München
Druck und Bindung: Kösel, Krugzell

ISBN 978-3-468-73851-7

INHALT

Vorspiel

Du willst in Frankreich so richtig akzeptiert werden? Dann solltest du nicht nur eine Handvoll französischer Ausdrücke kennen. Wer wirklich mitmischen will, muss Slang, Szenesprache und Schimpfwörter draufhaben. *Französisch für Insider* hat alles, was du brauchst, um Franzosen echt zuzutexten. Keine Grammatikübungen, keine Verbkonjugationen und keine Regeln, aber das Französisch, das man in Frankreich wirklich spricht – von absolut intimen Details (*parlons sex!*) bis zur Sprache von Computer, E-Mails, SMS und Chatrooms.

Was du wissen solltest

Ein bisschen Französisch solltest du schon können. Die meisten Ausdrücke kannst du für Boys und Girls benutzen. Du findest ein ♂, wenn ein Wort oder ein Satz nur für Jungs passt, oder ein ♀, wenn du nur Mädchen so ansprechen solltest.

Achte auf...

Die schärfsten Sprüche sind mit einem Ausrufezeichen oder einer Bombe gekennzeichnet. Du kannst also ganz leicht abschätzen, wie „schlimm" ein Wort wirklich ist.

!   Vorsicht, hammerharter Spruch!

💧   Nur mit absoluter Vorsicht anwenden! Endbeleidigend oder völlig daneben.

Du hast es hier mit dem Französisch zu tun, das man wirklich spricht, deshalb geben wir dir eine möglichst genaue deutsche Übersetzung – damit du weißt, wann ein Ausdruck oder Spruch wirklich angebracht ist und wann voll daneben.

Außerdem wirst du auf diese Zeichen stoßen:

Unzensiert   Echt vulgärer oder anstößiger Slang

Facts   Coole Facts – kaum zu glauben, aber wahr

Für Insider   Insidertipps

Zu guter Letzt

Sprache ändert sich ständig. Was heute in ist, kann morgen schon out sein. Wenn du in diesem Buch also etwas liest, was absolut von gestern ist, oder wenn du ein cooles Wort kennst, das wir vergessen haben – schreib uns eine Mail an insider@langenscheidt.de.

Dieses Buch trägt nicht umsonst den Aufdruck „Unzensierte Ausgabe"! Die Wörter und Sprüche sind für den Gebrauch vor Eltern, Lehrern, Verwandten und potenziellen Schwiegereltern absolut ungeeignet. Was hier drin steht, ist derb abgefahren. Wenn du so sprechen willst … dann tu's. Aber: Für alle Zwischenfälle – inklusive Dissen, Schlägereien, Prügel oder Probleme mit Bullen – die aus dem Gebrauch der Ausdrücke aus *Französisch für Insider* resultieren, übernimmt der Verlag keine Haftung.

DIE BASICS

Grüße und Sprüche – von klassisch bis trendy

- Sag Hallo … und Tschüs
- Frag, wie's jemandem geht
- Red über coole und uncoole Dinge

Mach den ersten Schritt

Hast du das schlichte „Bonjour" satt? Dann versuch's mal mit was Neuem!

Salut!
Hallo!
Kurz und nett.

Salut, ça va?
Hallo, wie geht's?
Lass das „Salut" weg, und du hast einen weiteren Gruß!

Hello!
Hi!
Sag's auf Französisch mit Betonung auf der ersten Silbe und ohne h.

Hé!
Yo!/Hey!
Eine schnelle Art, auf sich aufmerksam zu machen.

Nimm Kontakt auf …
- **Hé!** Yo!
- **Salut, ça va?*** Hi, wie geht's?
- **Ça va.** Gut.

Für Insider

Spitz die Lippen! Zur Begrüßung sagen die Franzosen „Salut" und küssen sich auf beide Wangen – in Paris küssen sich Freunde auf jede Wange einmal; in manchen Gegenden Frankreichs zweimal: links, rechts, links, rechts. Das gilt für Frauen und Männer. Aber Vorsicht: Bei der ersten Begegnung gibt es keine Küsschen, man schüttelt nur die Hand.

Wie geht's?

*Wenn du mit Franzosen abhängen willst, checkst du am besten erst mal,
wie's ihnen geht. So kannst du fragen ... und antworten:*

- **Quoi de neuf?** Was gibt's Neues?
- **Pas grand chose.** Nicht viel.

- **Ça boume?*** Was geht?
- **Super!** Alles easy.

* Wörtl.: Explodiert's? „Boum" macht das Geräusch einer Explosion nach.

- **Ça cartonne?** Alles klar?
- **Carrément!** Alles bestens!

- **Ça va?** Wie geht's?
- **Bien.** Gut.

- **Ça gaze?*** Wie läuft's?
- **Comme ci, comme ça./Ça va mollo.** So lala.

* Wörtl.: Läuft der Motor?

- **Ça roule?*** Alles klar bei dir?
- **Super!** Alles bestens!

* Wörtl.: Rollt es?

Facts

Französische Teenies aus den Vororten von Paris haben das Verlan
erfunden – eine Art französischen Slang –, um die Uncoolen zu
verwirren. Im Verlan wird die Reihenfolge der Silben und Buchstaben
eines „normalen" Wortes verändert. So wird z. B. „vas-y" zu „zyva". Statt
die Regeln zu erklären, haben wir die besten Beispiele in dieses Buch
aufgenommen. Manche Jugendliche sprechen fast ganz auf Verlan.
Das verstehen nur Insider. Die meisten aber verwenden nur einige
Wörter, die du notfalls erraten kannst.

Wenn's mal nicht so toll läuft

So kannst du auf „Ça va?" antworten:

Non, pas trop.	Nicht besonders.
Mal.	Schlecht.
Pas du tout.	Schlecht.
J'ai pas la pêche.	Ich bin nicht gut drauf./Ich hab 'ne Pechsträhne.
J'ai la poisse.	Ich hab 'ne Pechsträhne.
J'ai pas de pot en ce moment.	Ich hab zur Zeit kein Glück.
J'ai le moral à zéro.	
J'ai le cafard.	Ich bin voll deprimiert/down.
Je suis en pleine déprime.	
Je suis stressé.	Ich bin im Stress.

Schnelle Abgänge

Was, du gehst schon? Hier gibt's coole Texte für den Abschied …

Ciao!/Tchao!
Ciao!
Das italienische „Ciao" ist so beliebt, dass die Franzosen es übernommen und eine eigene französische Schreibweise dafür geschaffen haben.

Bye-bye!
Bye!
Wie auf Englisch!

À plus.
Bis später!
Die Kurzform für „à plus tard".

À tout'.
Bis bald!
Die schnelle, nette Art zu sagen „à tout à l'heure".

À c't aprèm.
Bis heute Nachmittag!
Kurzform für „à cet après-midi".

Endgeil!

So bringst du deine Begeisterung richtig rüber …

C'est …	Das ist …
chouette!	toll!
génial!	genial!
sensass!	klasse!
super!	super!
cool!	cool!
extra!	genial!

Wenn du im Französischen Wörter wie „super-", „hyper-" oder „méga-" davorstellst, kommt das Ganze noch besser an: „Hypercool! Megacool! Supercool!"

Zum Kotzen!

Wenn alles schief läuft …

C'est …	Das ist …
con!	scheiße!
trop con!	zu blöd!
archicon!	saublöd!
chiant!	beschissen!
pas possible!	Das gibt's doch nicht!

Vom VERLIEBEN
zum ENTLIEBEN

Ob du jemanden anmachen oder abblitzen lassen willst – du solltest immer den passenden Spruch auf Lager haben.

- Reiß einen scharfen Kerl oder ein scharfes Girl auf
- Flirte mit links
- Lass 'nen Loser abblitzen
- Zieh dir coole Wörter für „Girl" und „Boy" rein

Anmachsprüche

Verpass keine Gelegenheit, einen süßen Kerl oder ein scharfes Mädel anzumachen, bloß weil es dir auf Französisch die Sprache verschlagen hat. Üb diese idiotensicheren Anmachsprüche, und der Erfolg ist dir sicher!

Vous voulez vous asseoir?
Wollen Sie sich setzen?
Wirkt Wunder in einer Bar oder in der U-Bahn.

Je t'offre un verre?
Kann ich dir 'nen Drink spendieren?
Schau selbstbewusst, wenn du diesen Satz sagst.

T'es* trop sexy.
Du bist echt sexy.
Das perfekte Kompliment für 'ne Bar oder 'nen Club.

T'es trop beau/belle.
Du siehst echt super aus.

T'as une silhouette parfaite.
Du hast 'ne perfekte Figur.

T'as de beaux yeux.
Du hast schöne Augen.

Kleiner Flirt gefällig?
– **Je t'offre un verre?**
   Kann ich dir 'nen Drink spendieren?
– **OK, pourquoi pas.** Klar, warum nicht.

---

* „T'es" ist 'ne schnelle und einfache Art zu sagen „tu es", du bist.

Für Insider

Diese Anmachsprüche sind grottenschlecht, sie eignen sich aber super für 'nen Lacher. Und wer weiß? Vielleicht funktionieren sie bei dir.

On se connaît?
Kennen wir uns?

Pardon, tu sais où est la poste?
Entschuldigung, weißt du, wo die Post ist?
Probier's damit, wenn du 'nen scharfen Kerl oder 'n scharfes Mädel auf der Straße gesehen hast.

Tu es mannequin?
Bist du Model?
Du wirst dich wundern, wie gut das funktioniert.

Unzensiert

Du findest jemanden scharf? Sag es ihm oder ihr!

Tu es ...	Du bist ...
adorable.	voll süß.
mignon. ♂	süß.
canon.	scharf.
un bon coup.	ein Knaller im Bett / 'ne geile Nummer. (wörtl.: ein guter Schuss)
sexy.	sexy.
à tomber. ♂	heiß. (wörtl.: zum Umfallen)
bonne. ♀	ein Knaller im Bett. (wörtl.: gut)
chaude. ♀	ein Knaller im Bett. (wörtl.: heiß)

Facts

Statt dem klassischen „oui" solltest du unbedingt eines dieser coolen Wörter verwenden, wenn du nicht als Touri auffallen willst: „ouais" (sprichs „uä"), „d'acc" (Kurzform für „d'accord", einverstanden), „o.k.". Obwohl viele Franzosen sich gegen englische Wörter im Französischen wehren, ist „o.k." auch bei ihnen sehr verbreitet – allerdings „oké" gesprochen. Voilà.

Übelste Abfuhren

Lass jemanden abblitzen wie ein Profi, auf Französisch! Ob sanft oder frech – such dir einen von diesen Ausdrücken aus!

Merci, mais j'attends quelqu'un.
Danke, aber ich warte auf jemanden.
Er oder sie wird den Wink schon verstehen.

Va voir ailleurs si j'y suis!
Verzieh dich! (Wörtl.: Geh woanders hin und schau nach,
ob ich dort bin!)
Bring deine Message mühelos rüber!

Casse-toi!
Verpiss dich! (Wörtl.: Mach dich kaputt!)
Nicht wirklich nett, aber klipp und klar.

Va te faire foutre! 💧
Mach 'nen Abflug!

Dégage!
Verpiss dich!

Tu t'es pas regardé!
Schau dich doch mal an!
Eine unmissverständliche Antwort.

Du willst, dass etwas geht? Mach dich gefasst auf …

– **T'es trop sexy.** Du bist echt sexy.
– **Casse-toi!** Verpiss dich!

Schluss machen

Nicht mehr verliebt? Hier die besten Arten, Schluss zu machen.

J'ai besoin de retrouver ma liberté.
Ich brauche meine Freiheit wieder.

C'est fini entre nous.
Es ist aus zwischen uns.

Soyons amis.
Wir können ja Freunde bleiben.

Je/J' …	Ich …
romps avec toi.	mach Schluss mit dir.
ai cassé avec lui.	hab mit ihm Schluss gemacht.
la jette.	mach Schluss mit ihr.
le largue.	mach Schluss mit ihm.

Für Insider

Besonders problemlos macht man heute per SMS Schluss. Wenn du deinen Freund oder deine Freundin satt hast, kannst du ihm oder ihr einfach ein „texto" schicken …
SMS: :---)* Je t'm +. C ni

Französische Entsprechung: **Tu es un menteur. Je ne t'aime plus. C'est fini.**

Deutsche Übersetzung: Du bist ein Lügner. Ich liebe dich nicht mehr. Es ist aus.

* Dieses Emoticon – ein Smiley mit einer langen Nase – bedeutet Lügner.

Unzensiert

Ein paar fiese Bezeichnungen für deinen/deine Ex ...

T'es une ordure.	Du bist ein Stück Scheiße. (Wörtl.: Du bist Müll.)
T'es un sale type!	Du Dreckskerl!
Con!	Arsch(loch)!

T'es un ...	Du bist ...
minable. ♂	'n Arsch.
pauvre type. ♂	'n Loser.
nul.	'ne Null.
salaud. ♂ !	'n Mistkerl.
espèce d'enculé. ♂ 💧	'n Vollidiot.

T'es une ...	Du bist ...
pouffiasse. ♀ !	'ne Schlampe/fette Kuh.
salope. ♀ 💧	'ne Schlampe.

Kein Problem?

– **J'ai besoin de retrouver ma liberté.** Ich brauche meine Freiheit wieder.
– **Va te faire foutre! T'es une vraie ordure.** Verpiss dich! Du bist 'n Stück Scheiße.

oder

– **Bon. Soyons amis.** Gut. Bleiben wir Freunde.

Girls, Girls, Girls

Um ein Exemplar des weiblichen Geschlechts zu bezeichnen, gibt es nicht nur „femme":

une nana/nénette	ein Mädel, eine Frau
une meuf	eine Frau
	Das ist Verlan für „femme".
une gonzesse	ein Mädel, eine Frau
une mémé	eine Alte
	Sag's nur, wenn jemand wirklich alt ist. Und keine Sorge: Es ist nicht so abwertend wie im Deutschen.
une minette	ein Mädel, eine Frau
une poulette	ein Mädel, eine Frau

Kerle & Co.

So kannst du Exemplare des starken Geschlechts nennen:

un type	ein Typ
un gars	ein Kerl
	Eine Kurzform von „garçon".
un mec	ein Kerl
un pépé	ein Alter
	Sag's nur, wenn jemand wirklich alt ist. Und keine Sorge: Es ist nicht so abwertend wie im Deutschen.
un keum	ein Kerl

3 LIEBE und SEX

Anregendes über die Sprache der Leidenschaft ...

- Werd romantisch – von Küssen bis Sex
- Wir haben's getan – die besten Arten, es zu sagen
- Nenn jemanden Kohl, wenn du richtig verliebt bist
- Sprich über Schwangerschaft, Aids & Co.

Kribbeln im Bauch?

Die Sprüche, die du brauchst, um von deiner Affäre zu erzählen ...

Mit Spaß fängt's an ...

Ce mec me branche.
Der Kerl turnt mich an. (Wörtl.: Der Kerl steckt mich ein.)

Cette fille, je la kiffe.
Das Girl macht mich an.

Dann kommt die Romantik ...

J'ai flirté avec lui.
Ich hab mit ihm geflirtet.

Je suis sorti avec elle.
Ich bin mit ihr gegangen.

Je lui ai roulé un patin.
Wir haben rumgeknutscht. (Wörtl.: Ich hab ihm einen Rollschuh gerollt.)
Der so genannte French-Kiss.

Und schließlich ... Sex!

On s'est mis à poil.
Wir haben uns ausgezogen.

On a pris notre pied.
Wir hatten einen Orgasmus. (Wörtl.: Wir haben unseren Fuß genommen.)
Sag's mit 'nem Zwinkern.

Und für die, die Pech in der Liebe haben ...

Elle m'a allumé.
Sie hat mich scharf gemacht.
Du kannst „allumer" zwar für beide Geschlechter sagen, es wird aber normalerweise für Frauen verwendet. „Une allumeuse" ist eine Aufreißerin – also definitiv weiblich!

J'ai fait la traversée du désert.
Ich hatte 'ne Durststrecke. (Wörtl.: Ich hab die Wüste durchquert.)
Ist diese Trockenzeit jetzt vorbei?!

Kosenamen

Kohl oder Hase genannt zu werden, ist auf Französisch ziemlich romantisch ...

Tu es ...	Du bist ...
mon amour.	mein Schatz.
mon chéri/ma chérie.	mein Schatz.
	Der Klassiker.
mon bébé.	mein Baby.
mon cœur.	mein Herz.
mon chou.	mein Süßer/meine Süße.
	(wörtl.: mein Kohl)
mon lapin.	mein Häschen.
mon trésor.	mein Schatz.
ma biche. ♀	mein Reh.
ma poule/	
ma cocotte. ♀	mein Spatz. (wörtl.: mein Huhn)
mon coco. ♂	mein Spatz.

Vorspiel gefällig?!

– **Je peux t'embrasser?** Darf ich dich küssen?
– **Bien sûr, mon cœur!** Na klar, mein Herz!

Safer Sex

Auch diese Wörter könntest du brauchen ...

J'utilise ...	Ich nehm ...
des capotes.	Gummis.
la pilule.	die Pille.
un diaphragme.	ein Diaphragma.

Bettgeschichten

– **Tu prends la pilule?** Nimmst du die Pille?
– **Non. Mets une capote.** Nein. Benutz ein Kondom.

Aids & Co.

Stell die richtigen Fragen, bevor es zu heiß wird!

Tu as fait un test HIV?
Hast du 'nen Aids-Test gemacht?

Tu as ...?	Hast du ...?
l'hépatite	Hepatitis
de l'herpès	Herpes genitalis
la syphilis	Syphilis
le SIDA	Aids

Tu devrais aller chez le toubib.
Du solltest zum Arzt gehen.

Kleine Schweinereien

Wir waren ziemlich anständig – bis jetzt! Hier findet ihr die etwas krasseren Vokabeln ...

N'oublie pas tes ...	Vergiss deine ... nicht!
films X/films pornos.	Pornos
dessous sexy.	sexy Unterwäsche
menottes.	Handschellen

Schwanger?

Was man über eine sagt, die Nachwuchs kriegt ...

Elle est enceinte.
Sie ist schwanger.
Die normale Art, davon zu sprechen.

Marie est en cloque.
Marie hat die Kugelgrippe.
Das ist ein bisschen abfällig.

Antoine a mis sa copine enceinte.
Antoine hat seine Freundin geschwängert.

David a engrossé sa copine.
David hat seiner Freundin eins hingesetzt./David hat seine Freundin geschwängert.
In diesem Fall wohl keine gute Sache ...

Il lui a flanqué un gosse.
Er hat ihr eins hingesetzt./Er hat sie geschwängert.
Nicht ganz so nett gesagt.

Unzensiert

Wir haben es getan. So erzählst du von der schönsten Nebensache der Welt:

Nous ...	Wir ...
avons eu des rapports sexuels.	hatten Geschlechtsverkehr.
	Die medizinische Sicht der Dinge.
avons passé la nuit ensemble.	haben die Nacht miteinander verbracht.
	Eine Untertreibung.
avons couché ensemble.	haben miteinander geschlafen.
	Ob da wohl jemand geschlafen hat ...
avons fait l'amour.	haben Liebe gemacht.
	Wie romantisch!
avons baisé/avons niqué. 💣	haben gepoppt/gefickt.
	Derb, aber bringt's direkt auf den Punkt.

und:

Je/J' ...	Ich ...
me suis envoyé en l'air.	hab Sex gehabt.
	Echtes Glück.
ai dormi chez lui.	hab bei ihm geschlafen.
	Wer weiß, was passiert ist ...
ai tiré un coup. ♂ 💣	hab gevögelt.
l'ai pénétrée. ♂	hab bei ihr eingeparkt.

4 Die SCHWULEN- und LESBENSZENE

Suchst du Spaß am anderen Ufer? Hier findest du den passenden Wortschatz dazu.

● Szeneausdrücke für Schwule und Lesben

Ist er schwul, ist sie lesbisch?

Auch in Frankreich gibt es einen bunten Wortschatz für unkonventionelle Lebensstile.

Il est gay/homosexuel.
Er ist homo.

C'est ...	Er ist ...
un homo.	ein Homo.
un pédé. ❗	schwul.
une pédale. ❗	'ne Schwuchtel.
une tante. 💣	'ne Tunte.
	(wörtl.: eine Tante)
une grande folle. 💣	'ne Ziertucke.
	(wörtl.: eine große Verrückte)

Elle est lesbienne/homosexuelle.
Sie ist lesbisch.

C'est une ...	Sie ist eine ...
gouine. 💣	Lesbe.
brouteuse. 💣	Lesbe.
	(wörtl.: Schleckerin)

Achtung! Diese Ausdrücke können endbeleidigend und absolut heftig rüberkommen, wenn sie abfällig gesagt werden.

Il est ...	Er ist ...
bisexuel.	bisexuel.
bi.	bi.
C'est un transsexuel.	ein Transsexueller.
C'est un trans.	ein Transsexueller.
C'est un travesti.	ein Travestit.
C'est un travelo.	eine Transe/ein Transvestit.

Und schließlich:

Fais ton coming out!
Oute dich!

Sors du placard!
Oute dich!

Facts

„Gay Pride" ist der Name einer Demo für die Rechte der Homos, die jedes Jahr im Frühsommer in Paris und anderen Städten Frankreichs stattfindet. Homosexuelle Männer und Frauen ziehen durch die Stadt, manche in bunten Kostümen. Freunde und Familien zeigen ihre Solidarität mit dem homosexuellen Lebensstil.

SPORT und SPIEL

Sport und Spiele auf Französisch? Kein Problem! Ob im
Stadion oder in der Sporthalle, auf dem Feld oder am Joystick –
lass keinen über dein Französisch lästern!

- Feure dein Team an und beschimpf den Gegner
- Sprich über Fußball, denn die Franzosen lieben ihn
- Gerat ins Schwitzen mit der Fitnesssprache
- Spiel mit dem Videogame-Jargon herum
- Mach mit beim Glücksspiel und den schärfsten Kartenspielen

Schlachtrufe

Die Fans, „les supporters", sind lebensnotwendig für das Team.
So feuerst du deine Lieblingsmannschaft an:

Allez!
Los!

On y va!
Los geht's!

Tous ensemble!
Alle zusammen!

Bouffez-les!/Explosez-les!
Macht sie nieder! (Wörtl.: Fresst sie!/Lasst sie explodieren!)

On est les champions!
Wir sind die Champions!

Lobeshymnen

Verwende diese Ausdrücke, wenn dein Team für spektakuläre Aktionen und
Schüsse Lob verdient!

Bravo, le gardien!
Bravo, Torwart!

Divin, ce drible!
Geiles Dribbeln!

Magnifique passe!
Toller Pass!

Extra, ce but!
Super Tor!

Quel match génial!
Cooles Spiel!

Beleidigungen

Vergiss nicht, dass es dein Job als Zuschauer ist, den Schiedsrichter „l'arbitre", zu dissen und den Gegner, „l'adversaire", zu beschimpfen!

Vendu, l'arbitre!
Der Schiedsrichter ist gekauft!

Retourne au vestiaire!/Aux chiottes!
Geh vom Platz! (Wörtl.: Geh zurück in die Umkleide!/
Geh ins Scheißhaus!)

Immanquable!
Der war doch gar nicht zu verfehlen!

Va te coucher/rhabiller!
Geh nach Hause! (Wörtl.: Geh ins Bett!/Geh dich wieder anziehen!)

Quel nul!
So ein Loser!

Il n'a pas fait le voyage pour rien!
Krasser Fehler! (Wörtl.: Er ist nicht umsonst gereist!)

Quel enculé/Quel merde, ce joueur!
So ein Scheißspieler!

Putain!/Putain de merde!
Verfluchte Scheiße! (Wörtl.: Hure/Scheißhure!)
*Dieser Universalfluch, der nicht nur im Sport eingesetzt wird,
ist total in und hat schon fast den Klassiker „merde" ersetzt.*

Ich liebe Fußball

Fußball ist bei weitem der beliebteste Sport in Frankreich, sowohl zum Anschauen als auch zum Spielen. „Les Bleus", die Blauen, sind die Nationalmannschaft, sie werden von den Franzosen vergöttert. Spiel mit!

Mets ...	Zieh ... an!
un maillot.	ein Shirt
un short.	Shorts
des protèges-tibias.	Schienbeinschoner
des crampons.	Spikes

Fais une passe!
Gib ab!

Attention au numéro quatre!
Pass auf die Vier auf!

Dégueulasse!
Foul!

Penalty!
Elfmeter!

But!
Tor!

Für Insider

Die „Kop" sind fanatische Fans französischer Sportteams – sie bemalen ihr Gesicht in den Mannschaftsfarben, schwingen während der Spiele Fahnen und stehen auf, um geniale Spielzüge zu feiern oder den Gegner und die schlechten Aktionen des Schiedsrichters auszubuhen.

Aber es gibt mehr im Leben als Fußball ...

Je fais ...	Ich ...
du vélo.	fahre Rad.
du jogging.	jogge.
du roller.	blade/fahre Inliners.
du skate.	skate/fahre Skateboard.
du surf.	surfe.
de la natation.	schwimme.

Tu veux jouer au ...?	Willst du ... spielen?
basket	Basketball
tennis	Tennis
volley	Volleyball

Extremsportarten

Vielleicht willst du in Frankreich Extrem-Spaß haben.

Je veux faire ...	Ich will ...
du saut en parachute.	Fallschirm springen.
du kayak.	Kajak fahren.
de l'alpinisme.	klettern.
du rafting.	raften.
du saut à l'élastique.	bungee-jumpen.

Bist du auf 'ne Herausforderung aus?

– **Tu veux faire du saut en parachute?**
 Willst du Fallschirm springen?
– **Pas question!** Auf keinen Fall.
oder
– **J'adorerais ça!** Ja, total gern.

Trainieren

Werd aktiv! Trainier deinen französischen Fitness-Wortschatz!

Je peux faire des haltères?
Kann ich die Hanteln haben?

Je peux utiliser ...?	Kann ich ... benutzen?
le vélo de salle	das Fitnessrad
le rameur	das Rudergerät
le tapis de course	das Laufband

Tu veux essayer ...?	Willst du ... ausprobieren?
la boxe française*	französisches Boxen
le judo	Judo
le karaté	Karate
le vélo sur piste	Hallenradfahren
le tai chi chuan	Tai Chi
l'aqua gym	Wassergymnastik
le yoga	Yoga
la capoeira	Capoeira
le roller	Rollerbladen
le kung-fu	Kung-Fu

Je dois ...	Ich muss ...
m'échauffer.	mich aufwärmen.
m'étirer.	mich dehnen.
ralentir.	langsamer machen.

* Beim französischen Boxen darf man zusätzlich zu den Händen auch die Füße zum Kicken einsetzen.

Prêt-à-porter

Die Franzosen sind sehr modebewusst – sogar beim Sport. Hier die Infos über die richtige Trainingskleidung.

Tu as ...?	Hast du ...?
une brassière	ein bauchfreies Top
un débardeur	ein Tank-Top
un tee-shirt	ein T-Shirt
un sweat-shirt	ein Sweatshirt
un survêtement/	einen Jogginganzug
survêt/un jogging	*„Survêt" ist die Kurzform für survêtement.*
des tennis/des baskets	Sneakers

Und lass dich bloß nicht im falschen Trainingsoutfit erwischen!

Regarde, il porte ...!	Schau, der trägt ...!
un bandeau	ein Stirnband
des jambières	Legwarmers
des chaussettes noires et des tennis	schwarze Socken zu Sneakers

Für Insider

Fitnesscenter werden in Frankreich immer beliebter, vor allem in den großen Städten. Zusätzlich zum fest etablierten „Gymnase club", einer Kette mit vielen Sportangeboten, gibt es verschiedene andere Fitnesscenter. Der international bekannte Club Med hat seine eigene Kette gegründet, „le Club Med gym". Auch „Moving" ist mittlerweile in ganz Frankreich verbreitet.

Fit oder ausgepowert?

Wie fühlst du dich nach all dem Training?

Gut ...

J'ai la pêche.
Ich fühl mich großartig. (Wörtl.: Ich hab den Pfirsich.)

Je suis en forme.
Ich bin in Form.

Je pète le feu.
Ich bin voller Energie. (Wörtl.: Ich furze das Feuer.)

Schrecklich ...

J'ai un coup de pompe/de barre.
Ich bin ausgepowert. (Wörtl.: Ich hab einen Schlag mit der Pumpe/
Stange bekommen.)

Je suis naze.
Ich bin fertig.

Je suis crevé/mort.
Ich bin todmüde.

J'en peux plus.
Ich kann nicht mehr.

J'ai des courbatures.
Ich hab Muskelkater.

Je suis HS (hors-service).
Ich bin fix und alle.

Je suis moulu.
Ich bin fix und alle. (wörtl.: gemahlen)

Je peux plus bouger.
Ich kann mich nicht mehr bewegen.

J'en ai plein le dos/le cul.
Ich hab die Schnauze voll. (Wörtl.: Ich hab den Rücken/
den Arsch voll.)

Videospiele

*Wenn du ein Fan von Videospielen bist, wirst du damit auch auf Französisch kein
Problem haben – viele der Begriffe sind die gleichen wie im Englischen und
Deutschen. Die Franzosen haben sogar englische Wörter, um die Spielgeräte, die
Ausrüstung und die Befehle zu bezeichnen.*

Où est …?	Wo ist …?
l'ordinateur	der Computer
le joystick	der Joystick
la PS 3	die Playstation 3
la Xbox®	die Xbox®
la Wii	die Wii
On joue …?	Willst du … spielen?
à la DS	Nintendo DS
Tu aimes les jeux …?	Magst du …?
d'action	Actionspiele
d'aventure	Adventurespiele
de sport	Sportspiele

Facts

Fußball ist in Frankreich so in, dass er draußen und drinnen gespielt wird. „FIFA Soccer" ist ein total beliebtes Videospiel: Du bist der Trainer und musst deine Mannschaft durch Spiele und Meisterschaften führen. Du musst die richtigen Spieler kaufen, die beste Spielstrategie entwickeln und dein Team während der Spiele leiten. „FIFA Soccer" wird jedes Jahr aktualisiert, enthält coole Kommentare und hat einen geilen Soundtrack.

Spiel mit!

Gib beim Spielen deinen Kommentar ab!

Vise!
Ziel!

Tire!
Schieß!

Tue-le!
Mach ihn platt!

Fonce!
Renn!

Saute!
Spring!

Marque!
Mach 'nen Punkt!/Schieß ein Tor!

Il me reste une vie?
Hab ich noch 'n Leben?

Rallume!
Mach nochmal an!

Game over.
Game over.

Glücksspiele
Versuch dein Glück!

Tu veux …?	Willst du …?
parier	wetten
miser	was setzen
risquer le paquet	alles riskieren
jouer à pile ou face	Kopf oder Zahl spielen

Tu as …?	Hast du …?
perdu au jeu	beim Spiel verloren
tout perdu	alles verloren
remporté la mise	alles gewonnen

Kartenspiele
Versuch dich mit diesen spielerischen Ausdrücken!

Tu veux jouer …?	Willst du … spielen?
aux cartes	Karten
au rami	Rommé
au poker	Poker

On se fait …?	Spielen wir …?
une belote	Belote*
un tarot	Tarot

* „La belote" ist seit ungefähr 100 Jahren das inoffizielle Nationalspiel in Frankreich und so beliebt, dass es sogar in manchen Gangsterfilmen groß rauskommt. Es ist leicht zu spielen. Ziel ist ganz einfach, möglichst viele Karten zu behalten.

J'ai la main.
Ich gebe. (Wörtl.: Ich hab die Hand.)

Tu veux couper?
Willst du abheben?

Je me couche.
Ich geb auf. (Wörtl.: Ich geh schlafen.)

Was die Karten sagen

*Die Franzosen stehen so sehr auf Karten, dass sie sie in ihren täglichen
Sprachgebrauch aufgenommen haben.*

Abats tes cartes!
Leg die Karten auf den Tisch!

Joue cartes sur table.
Spiel mit offenen Karten!

Ne brouille pas les cartes!
Mach die Sache nicht komplizierter, als sie ist!

C'est ta dernière carte.
Das ist deine letzte Chance. (Wörtl.: Das ist deine letzte Karte.)

Facts

Wenn du nicht gerade beim Wahrsager bist, bezieht sich „Tarot" in
Frankreich auf ein altes und beliebtes Kartenspiel. Man benutzt beim
französischen Tarotspiel ganz besondere Karten: Neben den 52
normalen Spielkarten gibt es vier Kavalle, die zwischen Dame und
Bube liegen. Außerdem hat man 21 Trumpfkarten, die von der
Nummer eins („le petit", die Kleine) bis zur 21 („le 21") durchgezählt
werden. Ziel des Spiels ist es, möglichst viele Punkte zu machen – das
gelingt am besten, wenn man sich an den „Adel" hält: Bube, Dame
und König.

SHOPPEN

Mach dich fertig fürs Shoppen bis zum Umfallen!

- Einkaufen wie ein Profi
- Ausdrücke für Schnäppchenjäger und Modebewusste

Schmuddel-schick oder retro-hip?

Egal welchen Stil du hast, mach die coolsten Boutiquen und die berühmten Kaufhäuser ausfindig!

Je cherche ...	Ich suche ...
une boutique.	eine Boutique.
un grand magasin.	ein Kaufhaus.
un magasin de marques dégriffés.	einen Fabrikverkauf.
une boutique d'articles d'occasion.	einen Second-Hand-Laden.
une boutique de fringues vintage.	einen Second-Hand-Klamottenladen.
un marché aux puces.	einen Flohmarkt.
un marché.	einen Markt.

On va faire des courses?
Gehen wir shoppen?

Tu veux faire du lèche-vitrine?
Hast du Lust, bummeln zu gehen?

J'ai besoin de m'acheter des frippes/des fringues.
Ich muss mir mal wieder Klamotten kaufen.

Für Insider

In Paris gibt's nicht nur coole Klamotten – auch die Geschäfte sind hip. Du wirst schicke Boutiquen finden, viele davon mit ihrem eigenen Designstil (Lounge, Urban oder sogar Zen) und manche mit voll ausgestatteten Cafés, schrillen Kunstausstellungen und DJs, die die neuesten Titel auflegen. Diese Läden haben die brandaktuellsten Klamotten oder die, die bald trendy sein werden. Viele von den Sachen, die dort verkauft werden, kann man auch im Internet finden – Glück gehabt!

Durchblick beim Shoppen

Frankreich ist bekannt für seine edlen Kaufhäuser. Sie sind riesig und voll gestopft mit tollem Zeug! Verwende diese Fragen, um dich dort zurechtzufinden:

Où se trouve ...?	Wo ist ...?
le rayon femme	die Damenabteilung
le rayon lingerie	die Wäscheabteilung
le rayon homme	die Herrenabteilung
la cabine d'essayage	die Umkleidekabine
le rayon chaussures	die Schuhabteilung
le rayon parfumerie	die Parfüm-/Kosmetikabteilung
le rayon bijouterie	die Schmuckabteilung
la caisse	die Kasse
le service clientèle	der Kundenservice
Où se trouvent ...?	Wo sind ...?
les accessoires	die Accessoires
les toilettes	die Toiletten

Brauchst du Hilfe? Frag „la vendeuse", die Verkäuferin!

– **Où se trouve la cabine d'essayage?**
  Wo ist die Umkleidekabine?
– **Là-bas.** Da drüben.
– **Merci!** Danke!

Facts

Die Franzosen benutzen sowohl die «carte bleue» (EC-Karte) als auch Schecks. Mit der EC-Karte kann man fast überall bezahlen. Schecks werden in kleineren Läden immer seltener akzeptiert, selbst wenn man den Personalausweis vorzeigt. Immer häufiger sieht man den Hinweis «la maison n'accepte plus les chèques» (Wir akzeptieren keine Schecks.), da viele Schecks nicht gedeckt waren.

Facts

Shoppen in Frankreich macht zwar Spaß, ist aber nicht immer leicht. Wenn du mit deiner Beute nicht zufrieden bist, werden dir nur wenige Geschäfte dein Geld zurückgeben. Im besten Fall bekommst du einen Einkaufsgutschein. Und vergiss nicht den Kassenbon, ohne den du sowieso keine Chance hast, etwas zurückzugeben.

Fragen über Fragen

Schnapp dir deinen Geldbeutel und diese absolut unverzichtbare Fragen-Liste für die problemlose Shopping-Tour!

Où trouver ...?	Wo finde ich ...?
un pantalon pattes d'éléphant/pattes d'ef	eine Schlaghose (wörtl.: Elefantenbeine)
un pantalon taille basse	eine Hüfthose
un polo	ein Poloshirt
un pantalon moulant	eine eng anliegende Hose
des jeans	Jeans
une mini-jupe	einen Mini(rock)
une veste en cuir	eine Lederjacke
Je cherche ...	Ich suche ...
un sac à dos.	einen Rucksack.
des livres/magazines.	Bücher/Zeitschriften.
des CD/DVD.	CDs/DVDs.
des B.D.	Comics.
	B.D. ist die Kurzform von „bande dessinée".
des cartes de vœux.	Grußkarten.

... sont branché(e)s.	... sind trendy.
Les tee-shirts très décolletés	T-Shirts mit 'nem sehr tiefen Ausschnitt
Les wonderbras	Wonderbras
Les balconnets	Körbchen-BHs

Facts

In Frankreich zahlst du den Preis, der auf dem Schildchen steht: Steuern sind – wie bei uns – schon inbegriffen. „Les soldes", Schlussverkäufe, gibt es nur zweimal im Jahr, nach Neujahr und im Juli. Aber auch außerhalb dieser Zeit kann man immer wieder „des promotions", Sonderangebote auf bestimmte Artikel, in jedem Geschäft finden.

Stimmt der Preis?

Brauchst du Hilfe vom Verkäufer oder willst du dich über die Preise auslassen?

C'est en solde?
Ist das reduziert?

C'est combien?
Was kostet das?

Ça raque.
Das ist ganz schön teuer. (Wörtl.: Es zahlt.)

C'est reuch.
Das ist aber teuer.
„Reuch" ist Verlan für „cher".

C'est trop cher!
Das ist zu teuer!

Vous me faites une remise?
Können Sie mir Rabatt geben?

Vous me faites un prix?
Können Sie's mir billiger geben?

Quel bon plan!
So 'n Schnäppchen! (Wörtl.: Was für ein guter Plan/ein gutes Projekt!)

C'est du vol!
Das ist Abzocke!

Ça coûte la peau des fesses.
Das ist ja arschteuer! (Wörtl.: Das kostet ja die Haut vom Hintern.)

Je regarde.
Ich schau nur.

Je vais réfléchir.
Ich überleg's mir.

Je reviendrai.
Ich komm wieder.

Feilschen auf dem Flohmarkt …

- **C'est combien?** Wie viel kostet das?
- **15 euros.** 15 Euro.
- **Vous me le faites à 10?** Geben Sie's mir für 10?
- **Ah non. Ça en vaut au moins 30.**
  Nee. Das ist mindestens 30 Euro wert.
- **Je vous le prends à 12.** Ich nehm's für 12.
- **D'accord.** O.k.

Für Insider

Der einzige Ort, wo du deine Feilsch-Fähigkeiten einsetzen kannst, sind „les marchés aux puces", die Flohmärkte, und „les marchés", die Märkte, die normalerweise unter freiem Himmel stattfinden und von Viertel zu Viertel ziehen.

Hast du es mit einem lästigen Verkäufer zu tun?

– **Bonjour, je peux vous aider?**
Hallo, kann ich Ihnen behilflich sein?
– **Je regarde, merci.** Danke, ich schau nur.
– **D'accord.** O.k.

Money, money, money

Über „Geld" redet man nicht … aber es gibt ja genügend andere Wörter:

Passe-moi …	Gib mir …!
du blé.	Kohle
du fric.	Knete
du pèse.	Mäuse
du pognon.	Zaster

Totale Pleite

Bist du knapp bei Kasse?

Je suis fauché.
Ich bin total blank. (Wörtl.: Ich bin gemäht.)

C'est la dèche.
Bei mir herrscht Ebbe.

Je peux te taper une pièce?
Kann ich Geld von dir pumpen? (Wörtl.: Kann ich dir 'ne Münze hauen?)

7

MODE

Tauch in dieses Kapitel ein und lern, wie man total französisch aussieht ... und klingt!

- Quatsch über das, was in der Mode erlaubt ist und was nicht
- Nenn alle Klamotten in deiner stylischen Garderobe beim Namen
- Gib dein Statement zu Make-up und Kosmetik ab
- Pepp deine Frisur auf
- Sprich über Schönheits-OPs & Co.

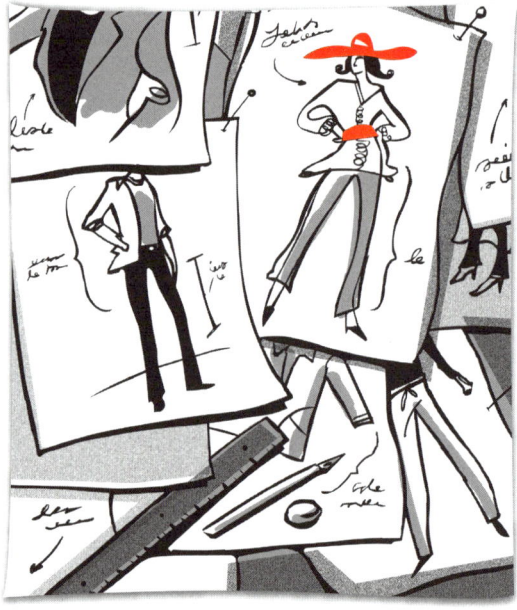

En vogue

Bist du ein angehender Trendsetter mit Pariser Gespür?
Probier diese Sprüche aus …

Tu es tellement …!	Du bist so …!
in	in
branché	trendy (wörtl.: eingesteckt)
tendance	stylish
BCBG*	piekfein/Du hast echt Klasse.

Absolut out

Sei kein Opfer der Mode von gestern!

Ce style est complètement …	Dieser Stil ist total …
niais.	blöd.
clinquant.	kitschig.
ringard/dépassé.	out.
tape à l'œil.	auffallend.
Il aurait besoin de se relooker.	Der müsste sich ganz anders herrichten.

Für Insider

Die «bobos» (Abkürzung für « bourgeois bohème ») sind Städter, besonders Pariser, mit einem auf den ersten Blick lässigen, ungezwungenen Kleidungsstil, der aber gleichzeitig sehr up to date ist. Sie tragen Marken wie Diesel, Kenzo oder Emporio Armani: Eine Jeans, elegante Turnschuhe, ein T-Shirt oder eine Bluse und eine Jacke. Es handelt sich meist um wohlhabende Leute (daher «bourgeois»), die jung und alternativ wirken wollen (daher «bohème»).

Ran an die Klamotten

Leg dir diesen „très chic" Look zu!

une casquette de baseball
eine Baseballkappe

une veste en jean
eine Jeansjacke

un tee-shirt moulant
ein eng anliegendes T-Shirt

un slip
ein Slip

un jean
eine Jeans

un pull
ein Pulli

un caleçon
Boxershorts

un sac en bandoulière
eine Collegetasche

des pompes/des chouzes/des écrase-merde
Treter, Quadratlatschen

des lunettes de soleil
eine Sonnen-
brille

un deux-pièces
ein Bikini

un balconnet
ein Körbchen-BH

un sac
eine Tasche

un débardeur
ein Top

un slip
ein Slip

un bracelet
ein Armreif

un string
ein String-Tanga

une mini-jupe
ein Minirock

des pantoufles
Hausschuhe

Aufgedonnert

Die Französinnen beherrschen die Kunst, sich mit Make-up so richtig aufzustylen.
Das brauchst du, um diesen schicken Look zu kriegen:

J'ai besoin de/d' ...	Ich brauche ...
blush.	Blush.
fond de teint.	Make-up.
eye-liner.	einen Eyeliner.
ombre à paupières.	Lidschatten.
gloss/rouge à lèvres.	einen Lipgloss/Lippenstift.
mascara.	Mascara.
poudre.	Puder.

Im Badezimmer

Vergiss diese Kosmetikbasics nicht ... und deine Sprache bleibt
frisch und sauber!

J'ai besoin de ...	Ich brauche ...
mon bain moussant.	meinen Badeschaum.
mon gel pour la douche.	mein Duschgel.
mon savon.	meine Seife.
mon déodorant.	mein Deo.
ma crème.	meine Creme.
mes serviettes hygiéniques.	meine Binden.
mes tampons.	meine Tampons.
ma trousse de toilette.	meinen Waschbeutel/Kulturbeutel.
pq.	Klopapier.

„pq" ist eine scherzhafte Abkürzung, denn „papier des cabinets"
(Klopapier) würde man „pc" abkürzen. Das „q" steht für das Wort „cul"
(„papier pour le cul", Papier für den Hintern), das wie dieser
Buchstabe ausgesprochen wird.

Elle se refait une beauté.
Sie richtet sich wieder her/donnert sich wieder auf.

Elle se ravale la façade.
Sie schminkt sich.

Lös Badezimmerprobleme mit links!

– **Tu me passes mon savon?**
  Kannst du mir meine Seife geben?
– **Tiens.** Hier.
oder
– **Tu peux me savonner le dos?**
  Kannst du mir den Rücken einseifen?
– **Bien sûr.** Na klar.

Facts

Du kannst tolle – und günstige – Produkte in jedem kleinen französischen Kaufhaus finden, wie „Monoprix". Make-up bekommt man, neben Medikamenten und Parfüms, in „une pharmacie", einer Apotheke. Wenn du ausführlich beraten werden willst, dann geh in „une parfumerie", einen kleinen Laden, der hochwertige Make-ups und Parfüms verkauft. „Sephora" ist eine beliebte Parfümerie, die inzwischen auf der ganzen Welt Filialen hat – vielleicht sogar ganz in deiner Nähe.

Verwöhn dich!

Gönn dir ein französisches Beauty-Erlebnis!

Je voudrais …	Ich möchte …
un nettoyage de peau.	eine Gesichtsreinigung.
une manucure.	eine Maniküre.
une pédicure/beauté des pieds.	eine Pediküre.
un massage.	eine Massage.

Je voudrais ...	Ich möchte ...
une épilation du maillot.	mir die Bikinizone enthaaren lassen.
une épilation des sourcils.	mir die Augenbrauen zupfen lassen.
une épilation des jambes entières.	eine Beinenthaarung.
me faire teindre les cils.	mir die Wimpern färben lassen.
Je voudrais me faire faire les ongles des mains et du pieds.	Ich möchte eine Maniküre und eine Pediküre.

Für Insider

Die meisten Französinnen rasieren sich nicht, sondern verwenden Wachs. Manche enthaaren sich zu Hause; andere lassen es bei der Kosmetikerin machen. Du solltest deinen Besuch „chez l'esthéticienne" im Voraus einplanen und einen Termin vereinbaren. Die Kosmetikerin wird alles enthaaren, was du willst, von deinen Zehen bis zu deinen Armen und Augenbrauen, ganz zu schweigen von „le maillot", der Bikinizone, und „les aisselles", den Achseln.

Haariges

Für diejenigen, die sich keine Sturmfrisur erlauben können.

J'ai besoin de/d' ...	Ich brauche ...
une frange.	einen Pony.
un brushing.	eine Föhnfrisur.
une coupe de cheveux.	einen Haarschnitt.
Je voudrais des mèches.	Ich möchte Strähnchen.
Je vais me faire couper les pointes.	Ich lass mir die Spitzen schneiden.

Tu as ...?	Hast du ...?
une barrette	eine Haarspange
un serre-tête	einen Haarreifen
des pinces à cheveux	eine Haarklammer
un élastique	einen Haargummi
une épingle à cheveux	eine Haarnadel
du gel	Haargel
de la laque	Haarlack

Elle a les cheveux ...	Sie hat ... Haare.
bouclés.	gelockte
raides.	glatte
teints.	gefärbte
décolorés.	blondierte
blonds/bruns/roux/ noirs.	blonde/braune/rote/schwarze

Il a ...	Er hat ...
une barbe.	einen Bart.
une coupe en brosse.	einen Bürstenschnitt.
un bouc.	einen Spitzbart.
une barbe de trois jours.	einen Dreitagebart.
la boule à zéro.	eine Glatze. (wörtl.: die Kugel auf Null)

Für Insider

Tattoos und Piercings sind unter Jugendlichen in Frankreich sehr beliebt. Der letzte Schrei ist das komplette Zutackern. Du wirst hippe französische Teenies mit gepiercten Ohrläppchen und Augenbrauen, gepiercter Zunge und gepierctem Bauchnabel sehen.

Schönheits-OPs & Co.

Mode bedeutet mehr, als nur die richtigen Klamotten zu tragen: Man braucht auch den richtigen Körper. Für diejenigen, die ihn nicht haben …

Tu as fait de la chirurgie esthétique?
Hast du eine Schönheitsoperation machen lassen?

Je me suis fait refaire …	Ich hab mir … operieren lassen.
les seins.	den Busen
le nez.	die Nase
le ventre.	den Bauch

Je me suis fait gonfler les lèvres.
Ich hab mir die Lippen aufspritzen lassen.

Il s'est fait tatouer.
Er hat sich ein Tattoo machen lassen.

Il a un piercing au …	Er hat ein …-piercing.
nombril.	Bauchnabel
sourcil.	Augenbrauen
téton.	Brustwarzen
nez.	Nasen

Wenn du dir in Frankreich ein Piercing oder ein Tattoo machen lassen willst, dann bereite dich hier vor. Das sagst – oder schreist – du, wenn es weh tut.

Oh lala …	**Aïe!**	**Ouille!**	**Beuh!**	**Berk!**
Oh jeh!	Autsch!	Au!	Pfui!	Igitt!

KÖRPER

Nackte Tatsachen – von Kopf bis Fuß

- Sprich über den perfekten Body und seine Teile
- Rülpsen, furzen und anderes derbes Zeug

Der perfekte Body

Die richtigen Wörter für den perfekten – oder nicht so perfekten –
französischen Körper.

Tu as …	Du hast …
de jolies jambes.	schöne Beine.
les fesses fermes.	'nen knackigen Po.
de beaux seins.	'nen schönen Busen.
un corps parfait.	'ne super Figur.

Je/J' …	Ich …
ai du bide.	hab 'ne Wampe.
ai des bourrelets.	hab Fettpolster.
suis plate.	bin total flach.
ai de la cellulite.	hab Cellulitis.
ai les oreilles décollées.	hab abstehende Ohren.
ai des poils aux pattes. ♀	hab mir die Beine nicht enthaart.
ai un gros pif.	hab 'ne dicke Nase.
porte des lunettes.	hab 'ne Brille.
porte des lentilles de contact.	hab Kontaktlinsen.

Wer ist dein Typ?

Was macht dich an?

J'aime les hommes …	Ich mag …
musclés.	muskulöse Männer.
avec des tablettes de chocolat.	Männer mit Waschbrettbauch.
qui ont les épaules carrées.	Männer mit breiten Schultern.
petits/grands.	große/kleine Männer.
chauves.	kahlköpfige Männer.
poilus.	stark behaarte Männer.

J'aime les hommes ...	Ich mag ...
aux cheveux longs.	Männer mit langen Haaren.
barbus.	Männer mit Bart.
avec une barbe de trois jours.	Männer mit Dreitagebart.

J'aime les filles ...	
menues.	Ich mag kleine Girls.
avec des formes.	Ich mag Girls mit was dran.
grandes.	Ich mag große Girls.
aux cheveux courts/longs.	Ich mag Mädels mit kurzen/ langen Haaren.
avec des jambes longues.	Ich mag Mädels mit langen Beinen.
avec une grosse poitrine.	Ich mag Mädels mit 'nem großen Busen.
avec des super nichons.	Ich mag Mädels mit dicken Titten.

Scharf aussehen – oder auch nicht

Von hübsch bis hässlich – die Sprüche, die du brauchst:

Alles über sie ...

C'est un boudin.
Die ist hässlich. (Wörtl.: Sie ist eine Blutwurst.)
Das klingt vielleicht blöd, aber auf Französisch ist es eine echte Beleidigung!

Elle est plate comme une limande./C'est un fax.
Sie ist flach wie ein Brett. (Wörtl.: Sie ist flach wie eine Scholle./ Sie ist ein Fax.)
Autsch!

Elle a une culotte de cheval.
Sie hat Reiterhosen.

C'est une grande perche.
Sie ist 'ne Latte/'ne Bohnenstange. (Wörtl.: Sie ist eine Stange.)
Diese Bemerkung ist garantiert nicht positiv gemeint.

Elle est bien roulée.
Sie hat schöne Kurven./Sie ist gut proportioniert.
(Wörtl.: Sie ist gut gerollt.)

Il y a du monde au balcon.
Die hat viel Holz vor der Hütte/zwei positive Argumente.
(Wörtl.: Auf dem Balkon sind viele Leute.)
Sag's in Frankreich, wenn das Dekolletee eines Girls zu sehen ist.

Alles über ihn oder sie …

C'est un beau morceau.
Die ist 'ne Schnitte/ein Sahnetörtchen./Der ist ein Süßer.
Lecker, oder?!

Il est bien fichu.
Er ist gut gebaut.

Quel canon!
Der/die sieht echt super aus!
Dazu reißt man normalerweise den Mund weit auf …

Elle est moulée/boudinée dans son pantalon.
Ihre Hose ist ihr zu eng.

Il flotte dans son pantalon./Il ne remplit pas son pantalon.
Der hat nichts in der Hose.

Cette chemise m'étrangle.
Dieses Hemd spannt.

Alles über ihn …

Quel gros lard!
Voll der fette Kerl! (Wörtl.: Was für ein dickes Stück Speck!)

Il est maigre comme un clou.
Er ist total dürr. (Wörtl.: Er ist dürr wie ein Nagel.)
Manche finden das vielleicht anziehend …

Quel beau gosse.
Der sieht super aus! (Wörtl.: Was für ein schönes Kind!)

Il est bien foutu.
Der ist gut gebaut.

Il est baraqué.
Der hat echt Muskeln! (Wörtl.: Er ist wie ein Haus gebaut.)

Il est carrément sexy.
Der ist total sexy.

Il a de la gueule.
Der sieht gut aus.

– **T'as vu ce mec là-bas?**
  Hast du diesen Kerl da drüben gesehen?
– **Ouais, il est trop sexy.**
  Ja, der ist echt voll sexy.

Körperteile

Intime und nicht so intime Details ...
Vorsicht! Die Wörter auf dieser Seite sind ziemlich heiß!

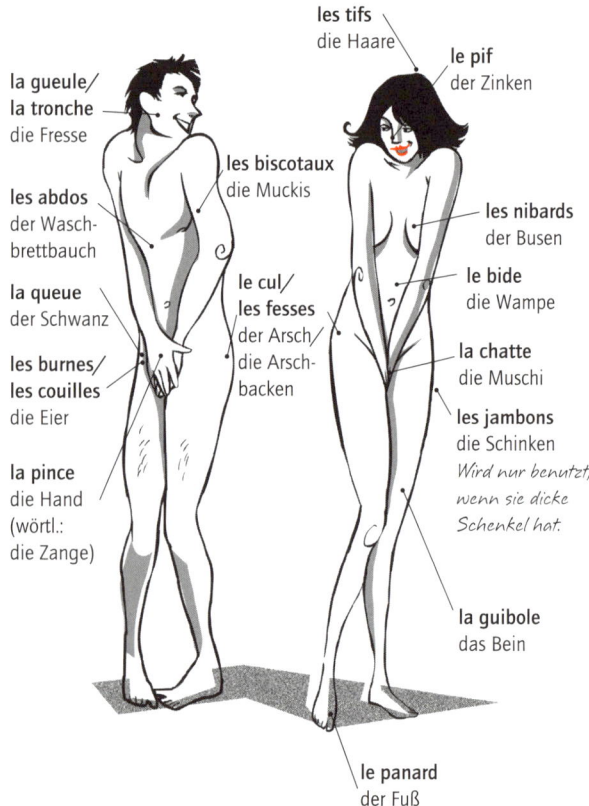

les tifs
die Haare

le pif
der Zinken

la gueule/
la tronche
die Fresse

les biscotaux
die Muckis

les nibards
der Busen

les abdos
der Wasch-
brettbauch

le bide
die Wampe

la queue
der Schwanz

le cul/
les fesses
der Arsch/
die Arsch-
backen

la chatte
die Muschi

les burnes/
les couilles
die Eier

les jambons
die Schinken
Wird nur benutzt,
wenn sie dicke
Schenkel hat.

la pince
die Hand
(wörtl.:
die Zange)

la guibole
das Bein

le panard
der Fuß

Körperfunktionen

Igitt! Eklig! Hier erfährst du, wie man's auf Französisch sagt.

J'ai besoin de ...	Ich muss ...
roter.	rülpsen.
chier. ❗	scheißen.
péter. ❗	furzen.
pisser. ❗	pissen.
dégueuler. ❗	kotzen.
gerber. ❗	göbeln/reihern.
	Auf Verlan heißt's „béger".

Tu pues la transpiration!
Du stinkst nach Schweiß!

Tu schlingues!
Du stinkst!

Eklig

Voll die ekligen Sachen, die deinem Körper passieren können ...

Quelle cata! J'ai ...	So ein Scheiß! Ich hab ...
de l'acné.	Akne.
des points noirs.	Mitesser.
un bouton.	'nen Pickel.
une mauvaise haleine.	Mundgeruch.
une verrue.	'ne Warze.
des crampes.	Krämpfe.
des crampes au ventre.	Bauchkrämpfe.
des pertes.	Weißfluss/'ne Zwischenblutung.
la diarrhée.	Durchfall.
les pieds qui puent.	Käsefüße.

TECHNIK, TECHNIK

Fachsimple auf Französisch über Computer, Internet & Co. – mit links!

- Computerjargon und Netspeak
- Der richtige Jargon für E-Mail, Instant Messaging und Chatrooms
- Coole Texte für Internet-Kontaktbörsen
- Lern, wie man Freunde anruft und ihnen simst

Computer, Internet und E-Mail

Starten, speichern oder beenden – hier findest du alles!

Tu as vu ...   Hast du ... gesehen?

ce super ordinateur/ ordi.   diesen tollen Computer

cette super webcam.   diese coole Webcam

ce super clavier.   diese coole Tastatur

ce super portable.   diesen coolen Laptop

cette super souris.   diese coole Maus

ce super écran.   diesen coolen Bildschirm

Allume-le.
Schalt ihn ein.

Clique ici!
Klick hier drauf!

Efface ça!
Lösch das weg!

Appuie sur entrée/échap.
Drück die Enter-Taste/Escape-Taste.

N'oublie pas de sauvegarder.
Vergiss nicht zu speichern.

Tu dois sortir/redémarrer.
Du musst dich ausloggen/neu starten.

Mon ordi est planté.
Mein Compi hat sich aufgehängt.

Éteins-le.
Mach ihn aus.

Internet-Freak

Wenn du ein Internetprofi bist, kannst du problemlos durch französische Web-
sites surfen – meistens wird, wie auf deutschen Pages, Englisch verwendet. Nur
für alle Fälle hier einige Wörter, auf die du in „le net", im Internet, stoßen könntest.

Je vais ...	Ich werde ...
me connecter (à Internet).	ins Internet gehen.
surfer (sur le web).	im Internet surfen.
envoyer un e-mail*.	'ne Mail schicken.
télécharger la pièce jointe.	das Attachment runterladen.

Quel est ... préféré(e)?	Was ist dein(e) Lieblings-...?
ton navigateur	Browser
ton chatroom	Chatroom
ta page d'accueil	Homepage
ton forum	Forum
ta page web	Internetseite
ton site	Website
ton blog	Blog

Tu as ...?	Hast du ...?
le câble	einen Breitbandkabelanschluss
une connexion haut-débit	eine superschnelle Wählverbindung
l'ADSL	ADSL
un modem	ein Modem
une clef USB	einen USB-Stick
un iPhone	ein iPhone
un Blackberry	ein Blackberry
quelles applications	irgendwelche Apps

* „Courriel" und „mél" sind weitere Bezeichnungen für E-Mail.

Tu peux …?	Kannst du …?
te connecter/déconnecter	ins Netz gehen/aus dem Netz gehen
chatter	chatten
m'envoyer un e-mail	mir 'ne Mail schicken
joindre une pièce	ein Dokument anhängen
dérouler le texte	den Text hoch-/runterscrollen
skyper	skypen
Tu es inscrit sur … ?	Bist du bei … ?
Facebook	Facebook
Twitter	Twitter
Viadéo	Viadeo

Tu aimes écouter de la musique sur Youtube ?
Hörst du gern Musik über Youtube?

Tu aimes voir des vidéos sur Dailymotion?
Guckst du gern Videos über Dailymotion?

E-Dating

Suchst du im Web nach französischer Liebe? Hier findest du typische elektroni-sche Kontaktanzeigen.

Internet-Kontaktanzeige

slt les mek, si
vous êtes Knon
20-25 dans
le 75 apLER moi
asap pr10kuT +
prendre mon
keur.

Französische Entsprechung ...

Salut les garçons, si vous êtes canons, vous avez entre 20-25 et vivez à Paris, appelez-moi aussi vite que possible pour discuter et prendre mon cœur.

Deutsche Übersetzung ...

Hi Jungs! Wenn ihr scharf und zwischen 20 und 25 seid und in Paris lebt, ruft mich so schnell wie möglich an, um zu reden und mein Herz zu erobern.

Internet-Kontaktanzeige

Bjr. t'a 18-25,
BL é 5pa, je
t'm Dja. rstp.

Französische Entsprechung ...

Bonjour. Tu as entre 18 et 25 ans, tu es belle et sympa, je t'aime déjà. Réponds s'il te plaît.

Deutsche Übersetzung ...

Hi! Du bist zwischen 18 und 25, gut aus-sehend und nett. Ich liebe dich schon jetzt. Antworte bitte!

Internet-Kontaktanzeige

Mek 25 cherche
fam pr chat é +
si posibl.
LC moi 1 msg.

Französische Entsprechung ...

Mec 25 ans, cherche femme pour dialoguer en direct et plus si possible. Laissez-moi un message.

Deutsche Übersetzung ...

25-jähriger Boy sucht Girl zum Quatschen und mehr – wenn möglich. Hinterlass mir 'ne Nachricht.

Internetkürzel

Wenn du in einem französischen Chat mitreden oder 'nem Freund eine Instant Message schicken willst, solltest du diese Abkürzungen kennen.

ASV [age, sexe, ville]
A/S/L [age, sex, location]

BAN [chasser d'une chat room]
BAN [aus einem Chatroom rausschmeißen]

MDR [mort de rire]
LOL [laugh out loud] (Wörtl.: Ich sterb vor Lachen.)

PSEUDO [pseudonyme]
NICK [Nickname]

kékina [Qu'est-ce qu'il y a?]
RUOK [Are you OK?] (Wörtl.: Was gibt's?)

dak [D'accord.]
OK

c ça [C'est ça!]
Wirklich! (Wörtl.: Das ist es.)

l'S tomB [Laisse tomber.]
NP [No problem.] (Wörtl.: Lass es fallen!)

@+ [À plus tard.]
CUL8R [See you later.] (Wörtl.: Bis später.)

@2m1 [À demain.]
CUT [See you tomorrow.] (Wörtl.: Bis morgen.)

A12C4 [À un de ces quatre.]
CU [See you.] (Wörtl.: Bis zu einem dieser vier Tage!)

E-Mail

Du würdest den Screenshot gern verstehen? Kein Problem.

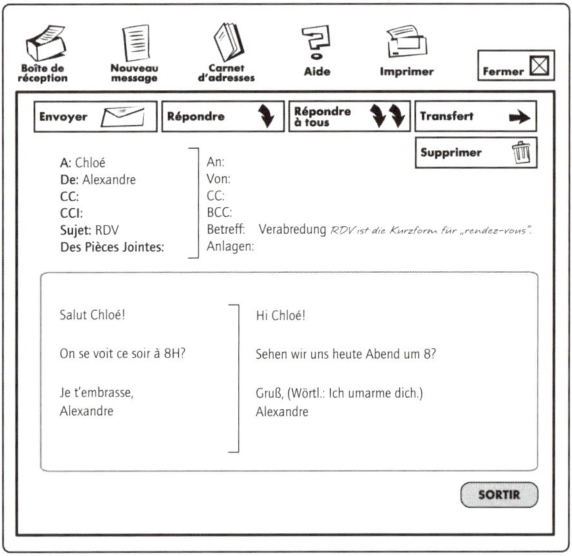
Boîte de réception
Nouveau message
Carnet d'adresses
Aide
Imprimer
Fermer
Envoyer
Répondre
Répondre à tous
Transfert
Supprimer
A: Chloé
De: Alexandre
CC:
CCI:
Sujet: RDV
Des Pièces Jointes:
An:
Von:
CC:
BCC:
Betreff: Verabredung RDV ist die Kurzform für „rendez-vous".
Anlagen:
Salut Chloé!
On se voit ce soir à 8H?
Je t'embrasse,
Alexandre
Hi Chloé!
Sehen wir uns heute Abend um 8?
Gruß, (Wörtl.: Ich umarme dich.)
Alexandre
SORTIR

Boîte de réception
Nouveau message
Carnet d'adresses
Aide
Imprimer
Fermer

Posteingang | Neue Nachricht | Address-buch | Hilfe | Drucken | Schließen

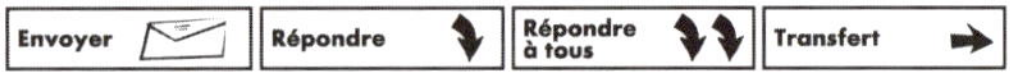
Envoyer
Répondre
Répondre à tous
Transfert

Senden | Antworten | Allen antworten | Weiterleiten

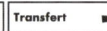

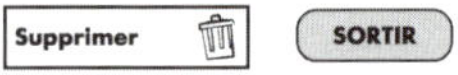
Supprimer
SORTIR

Löschen | Logout

Ruf mich an!

Willst du jemanden anrufen? Keine Panik! Hier findest du die Sprüche, die du brauchst.

Je peux …?	Kann ich …?
prendre ton numéro	deine Nummer haben
t'appeler	dich anrufen
passer un coup de fil	mal telefonieren

Telefongespräch

Telefonieren auf Französisch? Kein Grund zur Sorge!

Allô?
Hallo?
Das sagt man, wenn man ans Telefon geht.

Oui.
Ja.
Wenn du nicht immer „Allô?" benutzen willst, dann probier's damit.

Salut!
Hallo!
Wenn du weißt, wer dran ist, darf's ruhig ein bisschen lockerer sein.

C'est Kevin!
Hier ist Kevin.
Der Standard, um sich am Telefon zu erkennen zu geben.

C'est moi!
Ich bin's!
Jeder kennt dich, oder?

Was man auf 'nem französischen AB wahrscheinlich hören
wird ...

– **Vous êtes bien chez Christophe.**
  Laissez un message après le bip.
  Hier ist der Anschluss von Christophe.
  Hinterlassen Sie eine Nachricht nach dem Piepton.
– **Salut, c'est Mélanie! Appelle-moi!**
  Hallo! Hier ist Mélanie. Ruf mich an!

Est-ce que je pourrais parler à Fanny?
Könnte ich Fanny sprechen?
Förmlich, aber bringt's auf den Punkt.

Je peux laisser un message?
Könnten Sie ihm/ihr was ausrichten?
Sei ausnahmsweise mal höflich!

Je dois te laisser.
Ich muss gehen.
In Eile? Beende dein Gespräch so.

À plus.
Bis später!
Die perfekte Abschiedsformel fürs Telefon.

Je t'embrasse.
Mach's gut! (Wörtl.: Ich umarme dich.)
Benutz es unter Freunden und für die Family.

On s'appelle.
Wir telefonieren.
Das kann heißen: Ich ruf dich nicht an.

Ein nettes Telefongespräch ...

– **Allô?** Hallo?
– **Salut. C'est Thomas.** Hi. Hier ist Thomas.
– **Salut, Thomas! Quoi de neuf?**
  Hallo Thomas! Was gibt's Neues?

Facts

In Frankreich hat fast jeder „un portable", ein Handy. Die Gespräche können teuer sein. Deshalb kontaktieren sich viele Leute per SMS statt lange mit dem „portable" zu telefonieren.

SMS

Einige kurze und witzige „textos", SMS ...

je t'M [Je t'aime.]
Ich liebe dich.

Cpa5p [C'est pas sympa.]
Das ist nicht nett.

rstp [Réponds s'il te plaît.]
Antworte bitte!

keske C [Qu'est-ce que c'est?]
Was ist das?

@2m1 [À demain.]
Bis morgen!

SMS doch mal!

Schick 'ne französische SMS!

SMS	Französische Entsprechung	Deutsche Übersetzung
slt cv?	**Salut, ça va?**	Hi, wie geht's?
m jvb	**Moi, je vais bien.**	Gut.
koi29?	**Quoi de neuf?**	Was gibt's Neues?
RAS	**Rien à signaler.**	Nichts.
tu vil 2m'1	**Tu viens demain?**	Kommst du morgen?
je C pas	**Je sais pas.**	Ich weiß noch nicht.
j'tapL + tard	**Je t'appelle plus tard.**	Ich ruf dich später an.

KLATSCH und TRATSCH

Gute und schlechte News über Kumpels und die Family

Wie du ...

- über deine Kumpels sprichst
- den neuesten Tratsch austauschst
- Geheimnisse ausplauderst und für dich behältst
- über deine Family sprichst

Dicke Freunde

Hast du nicht die allernettesten Leute in Frankreich kennengelernt?

Lui, c'est mon ...	Er ist mein ...
ami/copain.	Freund.
pote/poteau.	Kumpel.

C'est ma meilleure amie/copine.
Sie ist meine beste Freundin.
„Mon copain/ma copine" kann auch mein fester Freund/meine feste Freundin heißen.

Elle est adorable!
Sie ist total lieb!

Tu es vraiment sympa.
Du bist echt nett.

C'est un mec super.
Er ist ein toller Kerl.

Exfreunde

Ist er oder sie die nervigste Person, die du je getroffen hast? Sag's ruhig!

Je peux pas le blairer.
Ich pack ihn nicht.

Je peux pas la sentir/piffrer.
Ich kann sie nicht riechen.
„Piffrer" ist ein umgangssprachlicher Ausdruck für riechen.

Je peux pas l'encaisser.
Ich pack ihn/sie nicht.

Il ...	Er ...
me tape sur les nerfs.	geht mir auf die Nerven.
me fait suer.	geht mir auf den Geist. (wörtl.: macht mich schwitzen)
m'emmerde. ❗	kotzt mich an.
Tu me les chauffes.	Du gehst mir auf den Sack.
Tu me les casses.	Du gehst mir auf den Sack.

*Diese Ausdrücke können entgegen der Biologie auch von Girls
verwenden werden.*

Trau dich, sag die Wahrheit!
– **Tu connais Marc?** Kennst du Marc?
– **Je peux pas le blairer!** Ich pack ihn nicht!

So ein blöder Kerl

*Gerüchte über verrückte Nachbarn, Mitbewohner und andere
Loser verbreiten? Kein Problem!*

Il est con comme un manche à balai.
Er ist dumm wie Brot/dumm wie ein Besen.
(Wörtl.: Er ist dumm wie ein Besenstiel.)

Quel ...	Was für ein(e) ...
bouffon.	Irre(r).
débile.	Idiot(in).
naze.	Loser.
con. ❗**/blaireau**	Vollidiot(in)/Arschloch/Scheißkerl.
Quelle tache, ce mec/	So ein Idiot!/So eine Idiotin!
cette meuf!	(wörtl.: Fleck)

Je la déteste!   Ich hasse sie!
Il me donne envie de vomir!   Ich finde ihn zum Kotzen!
Il me fait chier. ❗   Er pisst mich echt an.

Sag's klipp und klar!

– **Quel con, ce mec!** ❗ So 'n Arsch, dieser Typ!
– **Sans dec*!** ❗ Im Ernst!

* „Dec" ist die Kurzform für „déconner", herumspinnen.

Lästige Bekanntschaften

Genervt von deinen Freunden? Sei direkt!

J'en ai ...	Ich hab ...
assez.	genug.
marre.	die Schnauze voll.
ma claque.	die Nase voll. (wörtl.: meine Ohrfeige)
ras le bol.	die Schnauze voll. (wörtl.: die Schüssel voll)
ras le cul. ❗	die Schnauze voll.
Y en a marre!	Mir reicht's!

Tu es complètement ...	Du bist total ...
ouf.	verrückt.
	Das ist Verlan für „fou", verrückt.
dérangé.	gestört.
taré.	gestört.
destroy.	durchgeknallt.
barjo.	durchgeknallt.

Il est …
toqué.
dingue.
cinglé.
Il …
déménage.
(Wörtl.: Er zieht um.)
délire.
pète les plombs/un cable.

Er spinnt.

Tu es si …	Du bist so …
énervant.	nervig.
chiant. ❗	ätzend.
emmerdant. ❗	ätzend.
arrogant.	arrogant.
grossier.	ordinär.

Tu es vraiment gonflé.
Du bist echt unverschämt!

Elle a vraiment du culot.
Die ist ja echt unverschämt!/Die traut sich was!

Quel péteux!
Was für 'n Schisser!

Il se la joue./Il se la pète.
Der ist ein Angeber.

Il est chelou, ce mec.
Der Kerl ist total undurchsichtig.
„Chelou" ist Verlan für „louche", suspekt.

C'est une salope, cette fille.
Die ist 'ne Schlampe.

Tratsch

Hast du das allerneueste Gerücht gehört? Du traust deinen Ohren nicht? Teil
deinen Schock mit deinen Freunden!
So machst du alle neugierig ...

Tu sais/connais la meilleure/dernière?
Weißt du schon das Neueste?

Tu sais ce que j'ai entendu?
Weißt du, was ich gehört hab?

J'en ai une bien bonne.
Ich hab was Unglaubliches/Tolles gehört.

Tiens-toi bien!
Halt dich fest!

Accroche-toi!
Halt dich fest!

Assieds-toi d'abord!
Setz dich erst mal!

Du kannst es nicht glauben?
Je peux pas le croire!
Ich kann's nicht glauben!

Sans blague.
Im Ernst. (Wörtl.: Ohne Witz.)

Sans dec! ❗
Ohne Scheiß!

Tu déconnes?! ❗
Willst du mich verarschen?!

Tu rigoles!
Du machst doch Witze! (Wörtl.: Du lachst!)

Arrête!
Hör auf!

Tu te fiches/fous de moi?/Tu te fous de ma gueule? ❗
Willst du mich verarschen?

Tu plaisantes!
Du machst Scherze!

Oh lala!
Oh je!

Non!
Nein!

La vache!
Nee, Scheiße! (Wörtl.: Die Kuh!)

Wenn dir 'was am Arsch vorbeigeht ...

Je m'en ...	Das ist mir ...
fiche/balance/tape.	egal.
fous. ❗	scheißegal.
badigeonne la plante des pieds.	scheißegal.
tamponne.	scheißegal.

Unzensiert

Bist du gerade beleidigt worden? So kannst du zurückschlagen.

Tu me gonfles!
Du nervst! (Wörtl.: Du lässt mich anschwellen!)

T'as pas d'amis.
Du hast keine Freunde.

T'es relou.
Du bist lästig. (Wörtl.: Du bist schwer.)
„Relou" ist Verlan für „lourd", schwer.

Écrase!
Halt die Klappe! (Wörtl.: Zerdrück's!)

C'est con pour toi! ❗
Das ist zu scheiße für dich!

Nimportenawaque!
So'n Scheiß!
*Lass dich durch dieses Wort nicht erschrecken! Ist nur 'ne andere
Art zu sagen „n'importe quoi", so'n Unsinn.*

Tu es un loser.
Du bist 'n Versager.

Va te faire foutre! 🔴
Verpiss dich!

Unzensiert

So beendest du eine lästige Diskussion ...

Arrête!	Hör auf!
Boucle-la!	Halt die Klappe!
Stop, ça suffit!	Stopp, es reicht!
Tu commences à me les casser sérieusement!	Du gehst mir langsam ganz schön auf die Eier!
Ta gueule!	Schnauze!
Ferme-la!	Halt's Maul!

Nicht gerade freundlich ...
- **Espèce de con!** Arsch!
- **Écrase!** Halt's Maul!

Sei ein guter Freund!

Hast du 'nen Freund, dem's gerade nicht so gut geht? Tröste ihn mit diesen Sprüchen.

Calmos.
Beruhig dich!
Lass deinen Kumpel auch ein paar Mal tief durchatmen.

Cool!
Bleib cool!
Ist dein Freund völlig ausgerastet? Dann probier das.

Cool ma poule.
Bleib cool, Mädel. (Wörtl.: Cool, meine Henne.)

Relax!
Relax!
Sag's, wenn ein Freund sich über was aufregt.

T'inquiète.
Mach dir nichts draus.

On reste calme!
Nicht aufregen!

Laisse béton!
Lass sein, reg dich nicht auf!
„Laisse béton" ist Verlan für „Laisse tomber"! (Wörtl.: Lass es fallen!)

Geheim

Vertrau deinen Freunden – aber sorg dafür, dass deine Geheimnisse nicht ausge-plaudert werden!

Ne dis rien.
Sag's nicht weiter.

Tu promets de ne rien dire?
Versprichst du, nichts weiterzuerzählen?

Tu peux garder un secret?
Kannst du was für dich behalten?

Garde-le pour toi.
Behalt's für dich.

Tu peux me faire confiance.
Du kannst mir vertrauen.

Alles bleibt in der Familie

Wer hat heute noch eine klassische Familie? Zusätzlich zu Mutter, „mère", Vater, „père", Schwester, „sœur", und Bruder, „frère", hat fast jeder einen komplizierten Stammbaum.

Voici …	Das ist …
mon beau-père.	mein Stiefvater.
ma belle-mère.	meine Stiefmutter.
mon demi-frère.	mein Halbbruder.
ma demi-sœur.	meine Halbschwester.
le fils de mon beau-père. (wörtl.: der Sohn meines Stiefvaters) **le fils de ma belle-mère.** (wörtl.: der Sohn meiner Stiefmutter)	mein Stiefbruder.
la fille de mon beau-père. (wörtl.: die Tochter meines Stiefvaters) **la fille de ma belle-mère.** (wörtl.: die Tochter meiner Stiefmutter)	meine Stiefschwester.

Mach dich über sie lustig

Es ist leicht, über deine Family auf Verlan abzulästern …

Je ne peux pas sentir …	Ich kann … nicht leiden.
ma mifa.	meine Family.
mes remps.	meine Alten/Ellies.
mon reup.	meinen Dad.
ma reum.	meine Mum.
mon reuf.	meinen Bruder.
ma reuss.	meine Schwester.

Familienslang

Du chillst gerade mit deinen Kumpels und willst ein paar Slangausdrücke verwenden, um über deine Family zu reden? Probier diese:

J'adore …	Ich liebe …
mes vieux.	meine Alten.
ma belle-doche.	meine Stiefmutter.
mon frangin.	mein Bruderherz.
ma frangine.	mein Schwesterherz.
mon daron.	meinen Vater.
ma daronne.	meine Mutter.

Je déteste les mômes/gosses/mioches.
Ich hasse Kinder/kleine Scheißer.

C'est un morveux/une morveuse!
Der ist ein Rotzbengel./Die ist eine Rotzgöre.

Ce gamin est énervant.
Dieser Kniebeißer nervt.

Quels merdeux!
Was für kleine Scheißer!

Mach dich über deine Family lustig!

– **Ta belle-doche a des gamins?**
  Hat deine Stiefmutter Kniebeißer?
– **Ouais, trois merdeux!** Ja, drei kleine Scheißer!

Für Insider

In Frankreich haben nur wenige Unis Wohnheime. WGs gibt es nicht so häufig wie bei uns. In den großen Städten suchen sich viele Studenten „une chambre de bonne" (ehemaliges Dienstbotenzimmer, oft im Dachgeschoss), das in der Regel nicht gerade komfortabel ist. Manche haben aber auch das große Glück, ein Zimmer oder eine Einzimmerwohnung in einem Studentenwohnheim zu bekommen. Diese sind staatlich verwaltet und entsprechend billig. Alle anderen bleiben bei ihren Eltern wohnen ...

Unzensiert

Pass auf! Sei vorsichtig mit diesen Ausdrücken! Du könntest dir Feinde fürs Leben machen, wenn du sie verwendest. Wenn du von jemandem echt angepisst bist, triffst du damit immer unter die Gürtellinie.

Ta mère! 💣
Fick deine Mutter! (Wörtl.: Deine Mutter!)

Fils de pute! 💣
Hurensohn!

Ta mère, la pute! 💣
Deine Mutter, die Hure!

Putain de ta mère! 💣
Du fickst deine Mutter!

Nique ta mère! 💣
Fick deine Mutter!

Va voir ta mère! 💣
Geh und fick deine Mutter!

ESSEN

So sprichst du über französisches Essen und anderes leckeres Zeug

- Sag, dass du Hunger hast
- Find dein Lieblingsessen
- Geh ekligem französischem Essen aus dem Weg
- Sprich über Essstörungen

Du brauchst was zum Essen!

Hunger? Dann beiß dir daran die Zähne aus …

J'ai …!	Ich hab …!
faim	Hunger
la dalle	Kohldampf
les crocs	Kohldampf (wörtl.: die Reißzähne)
soif	Durst

J'ai envie de …	Ich hab Lust …
bouffer.	zu fressen.
bâfrer.	voll reinzuhauen.
damer.	voll reinzuhauen. (wörtl.: stampfen)
m'empiffrer.	mich vollzustopfen.

Il mange comme quatre.
Der isst wie vier.

Je cale.
Ich bin voll.

J'ai trop bouffé.
Ich hab zu viel gefressen.

Je meurs de faim/de soif!
Ich verhungere/verdurste!

Für Insider

Bio-Lebensmittel werden auch in Frankreich immer populärer.
Mittlerweile gibt es auch Bioladen-Ketten, z. B. Naturalia, Biocoop,
La Vie Claire. Aber auch in normalen Läden werden viele Biopro-
dukte verkauft. Hardcore-Ökos können wöchentliche Bio-Gemüse-
kisten direkt beim Bauern bestellen.

Essen gehen

Deine Suche nach dem fantastischen kleinen französischen Restaurant ist gerade zu Ende gegangen …

On va …	Gehen wir …
au self.	ins Selbstbedienungsrestaurant. *Das ist die Kurzform für „self-service".*
au café.	ins Café.
à la cafet.	in die Cafete. *Das ist die Kurzform für „cafeteria".*
au bistro.	ins Bistro. *Hier wirst du typisches französisches Essen finden – keine Hamburger, sondern „steak frites", Steak mit Pommes.*
au fast food.	zu einer Fastfood-Kette/Fastfood essen.
à la pizzeria.	in die Pizzeria.
au resto.	ins Restaurant. *Die schnelle Art zu sagen „au restaurant".*
au (resto) libanais.	zum Libanesen.

Je connais un p'tit resto sympa pas loin d'ici.
Ich kenn da so ein nettes Lokal, nicht weit von hier.
Das Adjektiv „sympa", Kurzform von „sympathique", wird von Franzosen sehr gern verwendet – nicht nur für Personen, sondern für alles, was man sich vorstellen kann.

Bon ap!
Nen Guten!
Verwende das statt dem Standard „Bon appétit"!

Facts

Die Franzosen lieben es, Wörter zu verkürzen! Mal wird eine Silbe weggelassen, mal mehrere, besonders gern am Wortende: appart(ement), coloc(ataire), expo(sition), manif(estation), écolo(gique), bac(calauréat), psy(chologue).

Auf ein Käffchen

Der Kaffee und „la pause-café", die Kaffeepause, sind ein Muss in Frankreich.

un petit noir/un (café) express	ein Espresso
un (café) crème	ein Espresso mit Milch
un café calva	ein Kaffee mit 'nem Schuss Calvados
un déca	ein koffeinfreier Kaffee
	„Déca" ist die Kurzform für „café décaféiné"

C'est du jus de chaussette.
Der Kaffee ist zu dünn. (Wörtl.: Das ist Sockensaft.)

Happy meals

Tu as pris le petit dej/un goûter*?
Hast du gefrühstückt/'nen Imbiss gehabt?

On se fait une bouffe.
Machen wir uns was zum Essen!

C'est …	Es ist …
délicieux.	lecker.
super bon.	voll gut.
infect.	scheußlich.

* Ein kleiner Nachmittagsimbiss ist in Frankreich Tradition.

C'est ...	Es ist ...
dégueulasse/dégueu.	eklig.
infâme.	grässlich.

C'est de la tambouille!
So ein Fraß!

Unzensiert

Würdest du diese französischen Delikatessen essen?

Tu veux ...?	Willst du ...?
de la soupe aux pissenlits	Löwenzahnsuppe
des cuisses de grenouille	Froschschenkel
des rognons	Nieren
du lapin	Kaninchen
des escargots	Schnecken
des tripes	Innereien
du foie de veau	Kalbsleber

Facts

Da an französischen Schulen Nachmittagsunterricht üblich ist, gehen sehr viele Schüler mittags in der Kantine ihrer Schule, „la cantine", essen. Den Kantinenfraß über die ganze Schulzeit ertragen zu müssen, kann schon hart sein. Die meisten Kantinen sind nicht gerade für ihre „grande cuisine" bekannt.

Die Kantinengänge gehen an der Uni – dort heißt es dann „resto U" – bzw. im Berufsleben weiter, da viele Firmen eigene Kantinen haben. Sofern eine Firma keine hat, werden „tickets restaurant" an die Mitarbeiter verteilt. Das sind Schecks, die man in sehr vielen Restaurants und Bistros einlösen kann und mit denen – je nach Preis – ein Teil oder das gesamte Essen bezahlt ist.

Auf dein Wohl!

Je ne mange pas de viande.	Ich ess kein Fleisch.
Je suis végétarien/végétalien.	Ich bin Vegetarier/Veganer.
Le lait me donne envie de vomir.	Auf Milch muss ich kotzen.
Je suis au régime.	Ich bin auf Diät.
Je ne mange que du bio.	Ich esse nur Bioprodukte.

Essstörungen

Tu es …	Du bist …
trop maigre.	zu dürr.
anorexique.	magersüchtig.
boulimique.	Du hast Bulimie.
gros.	Du bist dick.

Für Insider

Nimm dich in Acht bei einem französischen Abendessen. Hier steht, wie.
1. Es ist unhöflich, nicht alles, was auf dem Teller ist, aufzuessen. Nimm also nicht mehr, als du kauen kannst!
2. Nimm dir nicht selber nach. Warte, bis es dir angeboten wird.
3. Während du wartest, leg beide Hände auf den Tisch, aber nicht die Ellenbogen.
4. Falls du ein Junge bist, achte darauf, dass das Mädchen, das neben dir sitzt, immer Wein in ihrem Glas hat; denn eine Dame nimmt sich nie selbst Wein.
5. Wenn alle mit dem Essen fertig sind, nimm nicht nur deinen Teller, sondern staple auch die Teller der anderen aufeinander und trag sie alle in die Küche.

NACHTLEBEN

Mach einen drauf auf Französisch!

- Abfeiern à la française
- Brandheiße Rauchersprache
- Small Talk ... und sonstiges Gewäsch
- Keine Macht den Drogen ... aber sprich ruhig darüber

Lass uns abfeiern!

In Paris und anderen französischen Städten findet man ewig viele coole Locations, Kinos und Konzerthallen. Da gibt's nur eins: Ausgehen und Abfeiern!

On fait quelque chose ce soir.
Lass uns heute Abend was machen!

On se fait ...	Machen wir ...
une soirée sympa.	uns 'nen netten Abend.
un ciné/cinoche/une toile.	'nen Kinoabend.
une pièce de théâtre.	Gehen wir ins Theater.
un concert.	Gehen wir ins Konzert.

Quelle clubeuse, celle-là!
Sie ist voll die Partymaus!

On va ...	Gehen wir ...
en boîte.	in die Disko.
à la soirée/la fête/	zu Rolands Party/
dans un bar.	in eine Bar.
au pub.	in eine Kneipe.

Tu danses?
Tanzt du?

J'organise une petite soirée.
Ich lad euch zu mir ein.

Hattest du viel Spaß? Lass es alle wissen!

Hier soir, on ...	Gestern Abend ...
a fait la teuf.	haben wir abgefeiert.
s'est bien amusé/marré.	hatten wir viel Spaß.
a bien rigolé.	haben wir viel gelacht.

Hier soir, on ...	Gestern Abend ...
s'est fendu la pêche.	haben wir uns totgelacht.
	(Wörtl.: Wir haben uns den Pfirsich –
	den Kopf – gespalten.)
s'est roulé par terre.	haben wir uns schiefgelacht.
s'est éclaté.	haben wir die Sau rausgelassen.
	(wörtl.: sind wir explodiert)
a fait la teuf.	haben wir Party gemacht.
	„Teuf" ist Verlan für „fête", Party.

Schall und Rauch

Rauchen ist in Frankreich immer noch total in.

Est-ce que tu fumes?
Rauchst du?
Sag's auf Verlan – verwende „mefu" statt „fumes".

On en grille une?
Rauchen wir eine? (Wörtl.: Grillen wir eine?)

Tu as ...?	Hast du ...?
une garettci	'ne Zigarette
	Verlan für „cigarette".
une garo	'ne Kippe
une nuigrav*	'ne Ziggi
une clope	'ne Fluppe
une peuclo	'ne Kippe
	Das ist Verlan für „clope".

---

* Von „nuit gravement à la santé" (schadet ihrer Gesundheit), dem Warnhinweis auf
  Zigarettenschachteln.

Für alle militanten Nichtraucher …

– **Tu fumes?** Rauchst du?
– **Non!** Nein!

Für Insider

In Frankreich ist es wie bei uns verboten, Tabak an Jugendliche unter 16 Jahren zu verkaufen. Seit Januar 2008 ist das Rauchen in Cafés, Restaurants und Diskos verboten. Das Konzept der „Raucherclubs" kennt man in Frankreich nicht. Die Franzosen ziehen sich deshalb zum Rauchen nach draußen zurück. Nachts sind die Straßen so voll mit Rauchern, dass die Polizei Probleme wegen nächtlicher Ruhestörung befürchtet.

Drinks

Willst du was trinken?

Tu veux …?	Willst du …?
un apéro	einen Aperitif
du pinard	Wein (wörtl.: billigen Wein)
un coup de rouge	ein Glas Rotwein
un verre	ein Gläschen
un gin tonic	einen Gintonic
une vodka orange	einen Wodka Orange
une bière	ein Bier
une brune	ein Dunkles
une blonde	ein Helles
un cidre	einen Cidre
un kir	einen Kir
	„Kir" ist ein ganz traditioneller Aperitif aus Weißwein und Cassislikör.

Tu veux un kir royal?
Willst du einen Kir royal?
„Kir royal" ist Kir aus Champagner (statt Weißwein).

On boit/se prend un coup?/On prend un pot?
Trinken wir einen?

Tu veux un coup de rouge/blanc?
Magst du 'nen Schluck Rotwein/Weißwein?

Nimm 'ne Einladung an … oder nicht!

– **Je t'offre une bière?** Kann ich dir ein Bier spendieren?
– **Oui, merci.** Ja, gerne.
oder
– **Non, c'est moi qui conduis.** Nein, ich muss fahren.

Für Insider

Was trinkt man in Frankreich? Bier ist immer der Gewinner, weil es billig ist. „Pastis" – Alkohol mit Anisgeschmack, gewöhnlich mit Wasser gemischt – ist ein Muss. Falls du mal was anderes willst, bestell „un panaché", Bier mit Limo (Radler), oder „un monaco", Bier mit Grenadine. „Malibu", Rum mit Kokosgeschmack, ist voll in. Und du musst unbedingt die süßen Cocktails probieren – alkoholische Getränke mit französischen Süßigkeiten verfeinert: „Shuters Carambar", „Fraise tagada" und „Schtroumpf". Diese leckeren Drinks werden hergestellt, indem aromatisierter Zucker in Wodka aufgelöst wird.

Facts

Das Mindestalter für alkoholische Getränke liegt in Frankreich bei 18 Jahren, aber es wird nicht beachtet. Du kannst Teenies in Kneipen Bier trinken sehen, ohne dass sich jemand daran stört. Vielleicht weil Trinken nicht als etwas Schlimmes angesehen wird, haben die Franzosen keinen Ausdruck für „sich die Kante geben, sich zusaufen"!

Auf ex!

Was man vor dem Trinken sagt ... und danach.

Ça s'arrose!
Das muss gefeiert werden! (Wörtl.: Das muss begossen werden!)

Trinquons!
Stoßen wir an!

À la tienne!
Zum Wohl! (Wörtl.: Auf deins!)

Tchin, tchin!
Prost!

Je suis fait!
Ich bin beschwipst!

J'ai un verre dans le nez.
Ich hab zu tief ins Glas geschaut. (Wörtl.: Ich hab ein Glas in der Nase.)

J'ai la gueule de bois.
Ich hab 'nen Kater. (Wörtl.: Ich hab 'n Holzmaul.)

Hier soir, je/j' ...	Gestern Abend hab ich ...
me suis sôulé.	mich betrunken.
me suis bourré/	mich besoffen. (wörtl.: mir
soûlé la gueule.	das Maul vollgestopft)
ai pris une cuite.	mich zugesoffen. (wörtl.: was
	Gekochtes genommen)

Ein Trinkspruch ...

– **Ça s'arrose!** Darauf muss man anstoßen!
– **Ouais! Tchin, tchin!** Genau! Prost!

Berauscht

Die Ausdrücke hier sind nur zur Info, denn in Frankreich sind diese Drogen illegal.

Tu fumes ...?	Rauchst du ...?
du hashich	Haschisch/Kiffst du?
du shit	Hasch/Dope/Shit
	„Shit" ist auf Verlan „techi".
du chichon	Marihuana/Gras
Je suis ...	Ich bin ...
déchiré.	breit. (wörtl.: zerissen)
défoncé.	stoned. (wörtl.: eingeschlagen)
	Verlan: „foncedé".
raide def.	völlig stoned.
	Kurz für „raide-défoncé", völlig stoned.

Je ne me drogue pas.
Ich nehm keine Drogen.

Es hat geknallt!

Hoffentlich brauchst du diese Ausdrücke nie zu verwenden!

On m'a ...	Man hat mich ...
attaqué.	angegriffen.
battu.	zusammengeschlagen.
volé/raquetté.	beraubt/erpresst.

Il s'est fait tabasser.
Er ist zusammengeschlagen worden.

Elle a pris une gifle/une baffe.
Sie hat 'ne Ohrfeige abgekriegt.

Fais gaffe aux ...	Pass auf ... auf!
flics.	die Bullen
	Auf Verlan heißt's „keufs".
poulets. (wörtl.: Hähnchen)	die Bullen

J'ai été arrêté.
Ich bin festgenommen worden.

Ce quartier, ça craint.
Die Gegend ist gefährlich.

– **Tu as entendu que Marc s'est fait tabasser hier soir?** Hast du gehört, dass Marc gestern Abend zusammengeschlagen worden ist?
– **Vraiment? C'est grave?** Echt? Ist es schlimm?
– **Non, seulement quelques bosses.** Nein, nur ein paar Beulen.

ENTERTAINMENT

Szenesprache über Musik, Kino und Fernsehen

- Chill und sprich über coole Mucke
- Strahl deinen französischen Glotzenwortschatz aus
- Lass dich über französische Filme zutexten

Musik

Komm in Stimmung – Musik, „la zicmu" (Verlan für „musique") oder „la zic"
(Kurzform für „zicmu"), gehört einfach zur französischen Kultur.

Ce CD est ...	Diese CD ...
parmi les dix meilleurs.	ist unter den Top Ten.
(trop) cool.	ist cool.
énorme.	ist genial.
super.	ist toll.
top.	ist top.

Ce groupe ...	Diese Gruppe ...
c'est chanmé.	ist geil.
	Das ist Verlan für „méchant", gemein.
c'est de la balle/bombe.	ist grottenschlecht. (wörtl.: ist vom Ball)
ça craint.	ist beschissen.
c'est de la merde.	ist scheiße.

Tu aimes ...?	Magst du ...?
la dance	Dance
le hip hop	Hip-Hop
la house	House
le jazz	Jazz
la pop	Pop
le rap	Rap
le reggae	Reggae
le rock	Rock
la techno	Techno

Die notwendige Ausrüstung

Was du brauchst, um deinen Lieblingssong anzuhören …

Tu as …?	Hast du …?
un lecteur de CD	einen CD-Player
un lecteur MP3	einen MP3-Player
un iPod™	einen iPod™
un iPhone	ein iPhone
des écouteurs	Kopfhörer
une chaîne	eine Stereoanlage

Facts

Falls du zufällig am ersten Sommertag in Frankreich bist, wirst du überall Musik hören – egal durch welche Stadt du läufst. Profimusiker und Amateure spielen in den Straßen während „la fête de la musique", des Musikfests, um den offiziellen Anfang des Sommers zu feiern. Du kannst in Kneipen rumhängen und einer Gruppe den ganzen Abend zuhören oder die Vielfalt der Performances genießen – von Rock und Techno bis zu klassischer Musik und Folk.

Für Insider

Tecktonik, eine Tanzform, die von Hip-Hop und Techno inspiriert ist, ist in Frankreich gerade total in. Sie entstand in Paris und hat sich übers Internet und durch Straßenfeste schnell in ganz Frankreich verbreitet. Charakteristisch sind schnelle Bewegungen der Arme und Beine. Mittlerweile gibt es sogar schon Tanzanleitungen im Internet. Tecktonik-Tänzer tragen häufig Neonfarben und exzentrische Frisuren ähnlich dem Irokesenschnitt.

Mach die Glotze an!

Willst du dir ein paar französische Fernsehshows reinziehen?

Tu veux mater la téloche?
Willst du fernsehen?
„Mater" ist auf Verlan „téma".

Allume la télé.
Mach den Fernseher an.

Passe-moi la télécommande.
Gib mir die Fernbedienung.

Tu as vu le programme télé?
Hast du die Fernsehzeitschrift gesehen?

Cette émission est nulle/est cool!
Diese Sendung ist scheiße/cool!

Éteins la télé.
Mach den Fernseher aus.

Tu aimes …?	Magst du …?
les dessins animés	Zeichentrickfilme
les séries	Serien
les infos	Nachrichten
les jeux	Spielshows
la télé réalité	Reality-TV
les sit-coms	Sitcoms
les émissions/talk-shows	Talkshows

Facts

Fernsehen ist in Frankreich nicht kostenlos. Um die sechs Hauptpro-gramme zu empfangen, zahlt man jährlich eine Steuer, „la rede-vance". Drei der sechs Standardprogramme gehören dem Staat und bringen besonders Nachrichten, Zeichentrickfilme und kulturelle Sendungen. Reality-TV findet man da nicht. Die anderen Sender haben ein gemischteres Programm: Fußball, neuere Kinofilme und Talkshows. Wenn du eine echte Couch-Potato bist, kannst du Kabel-oder Satellitenfernsehen, ADSL oder TNT abonnieren und hunderte von Sendern – nationale und internationale – per Knopfdruck empfangen.

Französisches Kino

... und die filmreife Sprache dazu!

Mes films préférés sont ...	Ich schau am liebsten ...
les comédies.	Komödien.
les policiers.	Krimis.
les drames psychologiques.	Psychodramen.
les films étrangers.	ausländische Filme.
les thrillers.	Thriller.
	Man kann auch „les films noirs" sagen.
les psycho-thrillers.	Psycho-Thriller.
les films d'action.	Actionfilme.

Il y a des bandes annonces?
Gibt es eine Vorschau?

Le film est en version originale sous-titrée?
Ist der Film in Originalfassung mit Untertiteln?

La séance est à quelle heure?
Um wie viel Uhr ist die Vorstellung?

– **T'as aimé le film?** Hat dir der Film gefallen?
– **Oui, surtout les effets spéciaux.**
  Ja, vor allem die Spezialeffekte.

Für Insider

In Frankreich ist Filmemachen eine Kunst und zugleich ein rentables Geschäft. Mit all den Pariser „cinémas d'art et d'essai" (Kunstkinos) ist es leichter, eine geniale Mischung von Klassikern, internationalen Filmen und Kassenschlagern zu finden als irgendwo sonst auf der Welt. Aber keine Sorge: Du kannst die neuesten Blockbuster weiterhin in einem Multiplexkino auf den Champs-Elysées sehen.

GESTEN

Wir haben mit den Franzosen viele Gesten gemeinsam, z.B.: Hallo (winken), Tschüs (Seitwärtsbewegung mit der Hand), es ist kalt (die Arme vor der Brust verschränkt, während die Hände jeweils am anderen Arm hin- und herreiben), es ist heiß (mit der Hand wedeln) und andere mehr. Aber hier sind ein paar Gesten, die du vielleicht nicht kennst …

Geschafft!

„Ouais!"
Yeah!

Perfekt!/Geile Sache!

„Super!"
Genial!

Der/Die/Das ist lecker.

„Miam miam!"
Hmm.

Du spinnst!

„Complètement cinglé!"
Völlig verrückt!

Du bist betrunken!

„Complètement bourré!"
Völlig dicht! (Wörtl.: Vollgestopft!)

Sei still!

„Ta gueule!"
Halt's Maul!

Fuck you!/Fick dich!

Die klassisch-französische Art.
Das funktioniert auch ohne Worte perfekt!

Fuck you!/Fick dich!

Die internationale Methode. Auch hier
brauchst du kein Wort zu verlieren …